LE VRAI DANS L'ÉLECTION

LETTRE

D'UN

ÉLECTEUR D'OÙ L'ON VOUDRA

A

MONSIEUR SON DÉPUTÉ

Prix : 50 cent.

La reproduction est permise, *avec indication de la provenance.*

PARIS

TYPOGRAPHIE ET LITHOGRAPHIE V^{es} RENOU, MAULDE ET COCK
144, RUE DE RIVOLI, 144

1875

LETTRE

D'UN ÉLECTEUR D'OÙ L'ON ·VOUDRA

A

MONSIEUR SON DÉPUTÉ

———◦——◦———

D'où l'on voudra, le 10 mai 1875.

MONSIEUR MON DÉPUTÉ,

La question électorale est à l'ordre du jour. La presse s'en occupe et le public s'en préoccupe. Il est certain que la loi électorale actuelle ne satisfait personne. Républicains comme monarchistes — ceux d'entre eux, s'entend, qui ont du bon sens et sont de bonne foi — conviennent qu'il importe de la modifier. Comment procédera-t-on aux élections générales? les députés seront-ils élus au scrutin de liste ou bien au scrutin uninominal? le seront-ils par département ou bien par arrondissement? Questions que chacun se pose et sur lesquelles tout le monde attend que l'Assemblée décide.

A leur égard, monsieur mon Député, j'ai mon opinion tout comme un autre ; et, si vous voulez bien le permettre, je vais vous la dire. Ce faisant, comme vous aurez voix au chapitre, si je parvenais à influencer votre esprit au point de vous déterminer à voter selon mon désir, je n'aurais pas perdu ma peine.

Votre temps étant précieux, je n'abuserai pas de votre complaisance à me lire. Du mien, je n'en ai pas à perdre.

Donc, j'irai droit au but.

Des systèmes de vote tels que vote *cumulatif*, vote *restreint* ou vote *par quotient*, je n'en parlerai pas. Le moment ne semble pas encore venu où l'on pourrait en étudier utilement les mérites. Le public ne s'intéresserait pas actuellement à l'examen de ces systèmes d'ailleurs un peu trop compliqués ; aussi bien, les députés qui en ont proposé l'adoption semblent-ils y avoir eux-mêmes renoncé, au moins pour le moment.

Je ne m'attarderai pas davantage à faire un étalage, aussi vain que futile, d'érudition, en compilant dans les auteurs et les diverses constitutions par lesquelles nous avons été régis, depuis tantôt un siècle, tous les systèmes électoraux qui sont pratiqués chez les différents peuples de la terre ou qui l'ont été dans notre pays. Cela ne ferait qu'allonger inutilement mon écrit ; la lecture des faits du dehors et du passé, tout intéressant qu'il soit de les connaître, n'ayant pas la valeur d'un raisonnement juste pour aider à résoudre avec intelligence une question d'intérieur et d'actualité.

D'ailleurs, si je suis court, d'autres que vous me liront. Le paysan et l'ouvrier, si je suis clair, me comprendront. Or, si je parvenais ainsi à faire d'une pierre deux coups, il n'y aurait qu'à s'en féliciter ; car, s'il importe que vous parveniez à introduire dans la loi électorale des conditions utiles et loyales, il n'importe pas moins que les avantages en soient compris des électeurs ainsi que les moyens d'en user, et, je ne le cache pas, c'est autant à l'intention des électeurs qu'à la vôtre, monsieur mon Député, que je vais exposer ici mon idée.

La seule élection loyale.

Pour qu'une élection soit faite loyalement, la principale condition à remplir c'est que le vote de chaque électeur soit l'expression la plus vraie possible de son sentiment personnel, un acte de *sa volonté libre et éclairée.* Partisans du vote au scrutin de liste, comme partisans du vote uninominal, doivent, s'ils sont de bonne foi, tomber d'accord sur ce point.

Or, la condition désirée, pourrait-on l'obtenir dans l'un aussi bien que dans l'autre de ces deux modes de scrutin ? — Oui ! et c'est à le faire comprendre que je vais m'attacher.

Mais, au préalable, disons quelques mots — très-peu — des deux seuls systèmes qui soient actuellement en présence, et de la principale raison que leurs partisans font valoir, chacun à l'appui de celui qu'il préfère et contre celui dont il ne voudrait pas.

Où l'on confond arrondissement avec uninominal.

Sous la présidence de M. Thiers, le Gouvernement, composé de MM. Dufaure, de Rémusat, Casimir Périer, Bérenger, Wadington, Léon Say, Pothuau, présenta un exposé de motifs dans lequel il s'attachait à mettre les avantages du scrutin par arrondissement en regard des inconvénients du scrutin de liste.

En citant quelques extraits seulement de ce document, j'aurai suffisamment indiqué, au nom des partisans du vote par arrondissement, les raisons les plus déterminantes de leur choix :

« S'il est en matière d'élection (lit-on dans le dit document) *une idée simple* et *incontestable,* c'est qu'il importerait que l'électeur agît avec discernement. Si cette condition ne peut être entièrement remplie, elle sera plus près de l'être quand on peut s'assurer qu'il connaîtra, *au moins de réputation*, celui auquel il donne ou devrait donner sa confiance avec sa voix. Or, l'électeur et l'élu se connaîtront d'autant mieux l'un l'autre qu'ils seront plus rapprochés, et ce rapprochement est d'autant plus nécessaire que le corps électoral *est plus nombreux*. »

La déclaration du début est des plus justes.

Mais pour qu'un candidat soit connu des électeurs « au moins de réputation », il n'est pas nécessaire de s'enfermer dans les limites d'un arrondissement. Bien modeste serait, en effet, la notoriété qui, avec la rapidité et la multiplicité des moyens dont nous disposons, par les voies de la parole, des correspondances, de l'imprimerie et de la presse, ne pourrait pas atteindre jusqu'aux limites d'un département ou, au moins, d'*une circonscription* déterminée s'étendant au delà des limites de l'arrondissement. Or, les mérites d'un candidat, comme les services qu'on pourrait obtenir de lui dans l'intérêt du pays, seront-ils jugés d'*autant plus grands* qu'ils pourront être connus d'*un moins grand nombre d'individus*? — La thèse ne serait pas soutenable.

Passons donc et continuons de citer :

« L'élection par arrondissement est favorable aux influences permanentes de la société. Elle leur fait une juste part dans la représentation, qu'elle rend plus complète et plus vraie. Elle sert le suffrage universel en l'éclairant davantage sur ses choix. La volonté des électeurs *est plus libre*, leur choix est plus spontané, et il se forme entre eux et leurs élus un lien plus étroit, plus intime.

« Le plus souvent, ils sont connus dès longtemps, et ils ne deviendront pas étrangers les uns aux autres après l'expiration du mandat. Aussi les devoirs du mandataire envers ses commettants s'imposent-ils à lui d'une manière plus distincte. Il a besoin de conserver toujours ses droits à leur estime, et l'honneur de son avenir dépend de la conduite qu'il aura tenue pendant la durée de sa mission. Lui aussi il ménage la popularité, mais la bonne, la vraie, la politique durable. »

Entendons-nous bien :

L'électeur, que doit-il principalement chercher dans le choix de ses députés ? N'est-ce pas des représentants *de ses idées* et *de ses opinions* politiques, économiques et financières intéressant la nation tout entière ? Serait-ce plutôt des mandataires représentant simplement les intérêts de son arrondissement? Pourquoi, dès lors, ne préférerait-il pas trouver en eux les représentants des intérêts de sa commune, lesquels le touchent de plus près ?

Or, n'a-t-il pas un conseil municipal pour représenter les intérêts de sa commune dans ce qu'ils ont de permanent et de plus utile, aussi bien qu'il a un conseiller général pour défendre spécialement les intérêts du canton ; et les conseillers généraux du canton, joints à celui du leur, pour défendre les intérêts de l'arrondissement, si tant est que sa sollicitude pour des intérêts qui ne le touchent pas immédiatement s'étende même jusqu'aux intérêts de l'arrondissement?

Est-ce à dire que le député doive négliger de s'occuper de ces divers intérêts, en tant qu'il puisse leur être utile ? — Assurément non ! Son devoir est au contraire de les défendre autant qu'il est en son pouvoir de le faire, en les conciliant avec l'intérêt général. Il y serait d'ailleurs déterminé par son intérêt, d'autant mieux qu'il saurait avoir des partisans personnels parmi les électeurs de telle ou telle partie du département, qu'il éprouverait le besoin de se les attacher davantage et de s'en attirer un plus grand nombre encore, par l'importance des services rendus, par l'entretien de rapports intimes et fréquents avec ses mandants ; ce qui ferait de lui, pour ainsi dire, un *homme local*, comme le voudraient avoir les partisans du vote par arrondissement, sans cesser néanmoins d'être en même temps l'*homme de la nation*.

Mais, pour que ces conditions soient remplies, il n'est pas nécessaire de restreindre le vote à l'arrondissement; et tous les arguments fournis à l'appui de ce vote s'appliquent au vote *uninominal*. Or, ce dernier pourrait se faire par *département* et par *circonscription*, aussi bien que par *arrondissement*, SANS PERDRE AUCUN DE SES MÉRITES ; et j'établirai, plus loin, comment les avantages du vote *uninominal* pourraient être conservés *avec le scrutin de liste* PRATIQUÉ D'UNE CERTAINE MANIÈRE.

Où l'on voit que tout le mal ne provient pas du scrutin de liste.

Le document auquel nous empruntons nos citations condamne ainsi le scrutin de liste :

« Plus l'élection est populaire, plus il est à craindre que ces conditions ne soient pas remplies (que l'électeur puisse agir *avec discernement* et connaisse *au moins de réputation* le candidat), et c'est à la loi d'y pourvoir. Elle n'y pourvoit nullement en autorisant le scrutin de liste, lorsque les députés à élire sont nombreux. Il soumet ou plutôt il impose à des masses qui les ignorent une suite munie de noms *désignés arbitrairement*, tantôt *par les partis*, tantôt *par l'autorité ;* et les masses sont obligées de les accepter *sur parole*, de les adopter avec *une aveugle indifférence*, à moins qu'à la voix d'un parti elles ne cèdent à ces passions politiques qui sont *une autre espèce d'aveuglement*. Dans un pareil système, la plupart des électeurs VOTENT L'INCONNU.

« Les candidats dont les noms parviennent souvent pour la première fois aux oreilles de la population ne se recommandent plus par la réputation acquise, par la notoriété locale, par des antécédents qui aient eu le public pour témoin. Le seul titre est l'adoption de leur nom *par un comité central*, qui ne tient nul compte des diversités d'opinions et d'intérêts que présente un département dans toute son étendue. Le vœu des minorités n'a aucune chance de se faire jour, et l'esprit de parti domine sans résistance. Dans notre opinion, une grande partie des critiques dirigées contre notre système électoral *doivent être adressées au scrutin de liste*. »

Ce sont les mêmes arguments que produit à son tour la presse monarchiste opposée au scrutin de liste. Elle les exprime parfois en un langage violent, lequel n'augmente pas la valeur du raisonnement.

Cependant le *Journal de Paris*, organe des orléanistes, en a produit un, à lui, lequel mérite d'être cité :

« Une dizaine d'intrigants politiques, dit le rédacteur, M. Louis « Joly — font ainsi *la loi à tout un grand département* ; la députa- « tion tout entière *est dans leur dépendance* et les députés pris indi- « viduellement] *ne sont plus*, à de rares exceptions près, QUE LEURS « CRÉATURES. »

Écartons l'argument relatif à la *représentation des minorités*. Il porte à faux ; et je m'expliquerai plus longuement à son égard tout à l'heure.

Quant aux autres, il ne m'en coûte pas de les admettre. Les faits qu'ils relèvent, les abus qu'ils signalent, les scandales même qu'ils condamnent sont la conséquence naturelle d'élections faites au scrutin de liste par département, telles qu'on les a pratiquées *en février et en juillet 1871*, en vertu de la loi électorale de 1849.

Les dangers qu'on redoute de la continuation d'un tel système sont réels, et celui signalé par M. Louis Joly n'est pas le moins fréquent d'entre eux. Néanmoins la qualification « *d'intrigants politiques* » ne saurait être appliquée à tel plutôt qu'à tel autre parti : Bonapartistes, Royalistes et Républicains ont eu recours de la même manière aux moyens d'action et d'organisation autorisés par la loi de 1849, pour assurer le succès de leur parti dans les élections. Mais, on ne pourrait nier que le danger existe : de voir un petit groupe d'individus s'accorder entre eux pour exploiter à leur profit particulier la crédulité des électeurs de leur parti. Ils pourraient, en effet, vouloir se faire la courte échelle, entre amis ou compères pour élever l'un à la députation et, en cas de succès, se servir de lui ensuite pour

faire obtenir aux autres ou *aux leurs* les titres, places ou privi-
léges convoités par eux.

Toutefois, si de tels abus étaient inévitables sous l'empire de
la loi électorale de 1849, c'est : premièrement, qu'elle détermi-
nait qu'il y aurait *un seul* scrutin de liste pour le département
tout entier, quel que fût le nombre de ses habitants ; seconde-
ment, et surtout, parce qu'elle déclarait valable toute élection
obtenue *dès le premier tour de scrutin à la majorité relative.*

Comment on rendrait le scrutin de liste acceptable.

La loi dite « *Loi Savary* » est venue depuis lors remédier au
vice signalé de celle 1849 ; et rien n'empêcherait que le scrutin
de liste, s'il était maintenu, ne s'appliquât, à l'avenir, *par cir-
conscriptions* déterminées proportionnellement au nombre de
leurs habitants ; de telle façon que le nombre des députés à
nommer dans chaque circonscription ne pût être, par exemple,
ni moindre de deux, ni supérieur A CINQ.

Par l'usage intelligent de la *loi Savary*, et au moyen de la
réduction des listes *à un petit nombre de noms*, on atténuerait
donc les dangers du scrutin de liste. On pourrait, à mon avis,
les conjurer tout à fait, en ajoutant à la loi ainsi modifiée une
nouvelle condition de laquelle je ferai ressortir le côté pratique
et les avantages, en terminant cet écrit.

Mais, avant d'en venir là, il convient d'ajouter que *la représentation des minorités*, à laquelle semblait tenir l'auteur de l'exposé
des motifs auquel j'ai emprunté les extraits cités plus haut, —
ne saurait être obtenue du vote au scrutin *uninominal* aussi bien
que du vote *au scrutin de liste.*

C'est même l'un des avantages qu'on fait valoir avec raison
en faveur de ce dernier système : qu'il se prête à des combinai-

sons arrêtées d'accord entre des partis différents et nuances diverses de ces partis, à l'effet d'assurer à chacun d'eux une part légitime dans le nombre des candidats adoptés *pour une liste commune.*

Quelle part pourrait donc être faite aux minorités dans l'élection *d'un* député dans l'*arrondissement?* — AUCUNE : le mandataire *unique* ne saurait se diviser en deux moitiés pour représenter à la fois les idées de deux partis différents.

Entend-on soutenir que le scrutin uninominal favoriserait « la représentation des minorités » dans l'*ensemble de la nation?* — C'est vrai. Mais, il le ferait encore moins qu'il ne serait possible de l'obtenir d'un scrutin de liste *par circonscription*, combiné de façon à favoriser cette représentation dans la circonscription même aussi bien que dans l'ensemble du département et de la nation. Or, une combinaison est facile à trouver, laquelle permettrait aux partis de se compter, comme à chaque électeur de voter pour tel ou tel candidat de *son choix personnel* — indépendamment même *de tout mot d'ordre* émané d'un comité — *sans s'exposer à perdre sa voix* ou à favoriser la candidature *d'un adversaire de son parti.*

Comment le scrutin de liste deviendrait préférable à tout autre.

Par l'emploi d'un tel moyen, comme je le démontrerai plus loin, on pourrait s'assurer les avantages du vote *uninominal*, en évitant les inconvénients de livrer l'élection à l'influence trop prépondérante du petit nombre des gros bonnets de l'arrondissement, et obtenir les avantages du scrutin de liste, en échappant au danger de livrer l'élection à l'influence trop prépondérante *d'un comité central* ou à la merci du pouvoir.

Les élections prendraient à la fois un caractère personnel,

par la désignation des candidats préférés *de chaque électeur*; et un caractère plus général d'opinion et d'idées, *par le groupement distinct des partis* selon leur force numérique.

Le moyen.

Cependant, direz-vous, quel est donc ce moyen?

Il consiste simplement en ce que l'électeur vote, *au premier tour de scrutin*, seulement pour les candidats de *son choix personnel* appartenant EXCLUSIVEMENT *à son parti*.

Alors, répliquerez-vous, si chaque électeur se borne à voter pour un, ou deux ou trois candidats, par exemple, sans compléter le nombre des noms qu'il aurait le droit de faire figurer sur son bulletin, on aperçoit bien comment on pourra classer ces candidats dans l'ordre naturel où ils auront obtenu le plus grand nombre de voix, mais, n'y aura-t-il pas confusion sur la force respective des partis et trop grande difficulté, sinon impossibilité, à distinguer les voix appartenant à chaque parti?

Oui! si la loi électorale *actuelle* devait demeurer ce qu'elle est. Mais, les inconvénients ou les difficultés dont vous parlez seront tous facilement évités à l'aide du moyen que je propose, *lequel est des plus simples*. Il se borne à introduire DANS LA LOI électorale une clause imposant aux scrutateurs électoraux l'obligation de classer les votes, au dépouillement, *par catégories* déterminées selon *le nombre* de noms inscrits sur chaque bulletin.

(Voir plus loin un modèle du tableau de recensement des voix).

Par ce procédé, il sera facile à chacun de classer par ordre, selon sa manière d'apprécier : *et les candidats*, d'après le nombre de voix qu'ils auront obtenues ; *et les partis eux-mêmes*, d'après le nombre de votes qu'ils auront exprimés.

C'est donc avec une *base certaine* d'appréciation que, AU SECOND

TOUR DE SCRUTIN, *s'il y avait lieu d'y recourir* pour compléter la liste des élus, l'on pourrait, en connaissance de cause, combiner utilement, grouper ou diviser les forces respectives des divers partis ou nuances de partis, de façon à ce qu'ils puissent porter leurs voix *sur une candidature commune.*

On se ménagera donc ainsi *les avantages* du vote uninominal et du vote au scrutin de liste, *sans en conserver les inconvénients.*

Un accessoire utile.

Une condition accessoire serait bonne à insérer dans la loi, afin de reconnaître à tout électeur le droit de combiner selon son gré et de répandre librement, pendant la période électorale, toute liste de candidats qu'il lui plairait de former et de propager, sans avoir ni à demander l'autorisation des candidats, ni à tenir compte de leurs protestations s'ils en faisaient.

N'est-il pas illogique de prétendre accorder aux électeurs les moyens de choisir à leur guise leurs candidats, et de faire dépendre leur choix du bon vouloir ou de l'autorisation de ces derniers ?

Dès l'instant où des candidats, quels qu'ils soient, se présentent aux suffrages du corps électoral, leur candidature devrait être à la discrétion de l'électeur. Ils ne devraient pas avoir qualité pour lui refuser ou lui accorder le droit de l'adopter, la patronner et la propager, confondue dans une même liste avec telles autres candidatures qu'il lui plairait de choisir.

Résumons-nous.

Les conditions que je désirerais voir introduire dans la loi électorale se réduisent à trois :

1° Vote au scrutin de liste, *par circonscription,* portant sur deux noms au moins et sur cinq au plus ;

2° Liberté, pour tout électeur, de combiner et propager à son gré, pendant la période électorale, telle liste de candidatures qu'il lui plairait d'adopter et de patronner ; à la seule condition que les noms figurant sur sa liste appartiennent à des candidats déclarés ;

3° Enfin, dépouillement et recensement des votes *par catégories* de bulletins, déterminées *d'après le nombre des noms inscrits* sur les bulletins de vote.

CONCLUSION.

Les républicains désireux de maintenir le vote au scrutin de liste doivent s'attacher à rendre leur demande *acceptable.* Elle serait très-raisonnable, faite dans les conditions que je viens d'indiquer. Mais ce serait, de leur part, *vouloir la faire repousser* que de réclamer le maintien du scrutin de liste dans les conditions où il a été pratiqué *en février et juillet* 1871.

Ce dernier mode de votation justifierait, en effet, toutes les critiques dont je n'ai été qu'un écho affaibli au commencement de cet écrit. Parmi ces critiques, ce n'est point celle dont je sois le moins touché qui attribue au système de vote au scrutin de liste, pratiqué selon la loi de 1849, de faire trop souvent voter les électeurs *pour l'inconnu.* Il les désintéresse, en effet, de la vie politique à laquelle on les rend ainsi indifférents ; et livre tour à tour, selon les circonstances, leur voix, leur volonté et quelquefois même jusqu'à leur personne, au caprice ou à la merci d'une minorité infime d'ambitieux qui les exploitent ou d'un préfet à poigne, dont, à leur grande honte, ils subissent la loi.

Je souhaite donc, Monsieur mon député, que vous partagiez mon avis et que vous parveniez à le faire partager par vos collègues de l'Assemblée.

Dans cette espérance,

J'ai l'honneur de vous adresser l'expression de la haute considération et la gratitude de

L'UN DE VOS ÉLECTEURS.

TABLEAU

Du recensement des votes d'une circonscription ayant à nommer quatre députés au scrutin de liste.

On suppose qu'il y ait, par exemple, neuf candidats en présence, dont cinq républicains, un orléaniste, un légitimiste et deux bonapartistes.

Pour plus de facilité, désignons sous le même nom les candidats d'un même parti, en les distinguant par un simple numéro d'ordre.

Supposons que les Comités bonapartistes et royalistes aient une liste commune de quatre noms, que parmi les républicains, il y ait : soit deux comités avec chacun sa liste de quatre noms pris parmi les cinq candidats en présence ; soit un seul comité présentant une liste de cinq noms (*ex æquo*), en laissant aux électeurs le soin d'en éliminer un; soit enfin un Comité présentant une liste de quatre noms, et un cinquième candidat se maintenant quand même sur la liste des candidats républicains.

Admettons enfin que le nombre des votants s'élève à MILLE.

Le résultat du vote se présente ainsi :

CATÉGORIES de BULLETINS	Répub. n° 1	Répub. n° 2	Répub. n° 3	Répub. n° 4	Répub. n° 5	Orléaniste	Légitimiste	Bonap. n° 1	Bonap. n° 2	NOMBRE de VOIX	NOMBRE de VOTANTS
A 1 voix	20	»	»	»	50	»	30	»	»	100	100
A 2 voix..........	30	20	50	60	60	30	30	60	60	400	200
A 3 voix..........	40	40	220	220	200	40	20	60	60	900	300
A 4 voix..........	200	80	240	260	260	140	140	140	140	1.600	400
TOTAUX.......	290	140	510	540	570	210	220	260	260	3.000	1.000

La majorité absolue des votants étant de 501 voix, les républicains n° 5, n° 4 et n° 3, sont élus, le premier avec 570, le second avec 540 voix et le troisième avec 510 voix. — Il y a lieu à un second tour de scrutin pour nommer un député à la majorié RELATIVE.

En étudiant les chiffres de ce recensement, on voit que les voix républicaines se sont élevées à 680 et les voix monarchistes à 300 sur mille.

Si l'on suppose que les candidats républicains sont inscrits au tableau par ordre, selon la nuance de leur opinion, en commençant par la plus radicale n. 1, pour aller jusqu'à la plus modérée n. 5, on voit que la majorité a été acquise aux nuances intermédiaires et modérées.

En ce cas, l'élection au ballottage dépendrait donc de la volonté des républicains de ce groupe. Ils pourraient dès lors assurer selon leur gré : soit la nomination du républicain n. 1; soit celle de l'orléaniste, s'il entrait mieux dans leurs vues de concéder un siége à un membre de la minorité.

L'électeur aurait voté *librement*, selon son sentiment *personnel*, sans courir le risque d'affaiblir aucunement son parti, au premier tour de scrutin ; et, pour le second tour, on serait en mesure de décider du résultat *avec certitude*.

On peut varier les hypothèses du vote autant que varieraient dans la réalité les résultats du scrutin dans l'ensemble du pays. Mais, quels que soient ces derniers, il sera toujours facile d'en connaître la portée et d'en décomposer les éléments, grâce à la méthode du recensement des votes indiquée dans le tableau ci-contre.

TABLEAU

De recensement des votes, dans l'hypothèse où tous les partis ou nuances de partis seraient demeurés absolument exclusifs.

CATÉGORIES de BULLETINS	Radical	Gauche	Gauche	Centre gauche	Centre gauche	Aumaliens	Légitimistes	Bonapartistes	Bonapartistes	NOMBRE de VOIX	NOMBRE de VOTANTS
A 1 voix............	12	»	»	2	»	10	8	»	»	32	32
A 2 voix..	»	19	19	24	24	»	»	25	25	136	68
A 3 voix...........	»	»	»	»	»	»	»	»	»	»	»
A 4 voix...........	»	»	»	»	»	»	»	»	»	»	»
TOTAUX.....	12	19	19	26	24	10	8	25	25	168	100

Aucune élection n'aurait eu lieu au premier tour, faute de majorité ABSOLUE acquise à aucun parti.

Pour le second tour on pourrait se grouper en connaissance de cause.

Les chiffres du recensement donnent les indications suivantes :

1° Les trois gauches réunies disposeraient de 570 voix, contre 430 appartenant aux trois partis monarchistes coalisés ;

2° La gauche et le centre gauche joints à l'orléanisme auraient 550 voix contre 330 voix des légitimo-bonapartistes, et contre 450 voix, si les radicaux se joignaient à ces derniers;

3° La gauche et le centre-gauche unis auraient 450 voix contre 430 voix des trois partis monarchistes coalisés, au cas où les radicaux garderaient la neutralité.

On voit par là comment toutes les combinaisons pourraient être négociées entre les partis, ou adoptées sur des données, pour ainsi dire, certaines.

54432 Imp. Vᵉˢ RENOU, MAULDE et COCK, rue de Rivoli, 144, à Paris